Monika Wiborni

Bochum im Bombenkrieg

4. November 1944

Eine Dokumentation des Stadtarchivs Bochum

Wartberg Verlag

Danksagung

Mein Dank gilt meinen Kolleginnen Dr. Ingrid Wölk und Angelika Karg für die hilfreichen Kommentierungs- und Korrekturhinweise sowie Ursula Jennemann-Henke für ihren Beitrag zur Lage der Zwangsarbeiter in Bochum. Die Zeitzeugeninterviews führte Dr. Johannes Volker Wagner. Sie sind im Originalton wiedergegeben.

Fotonachweis:
Die Fotos stammen aus den Beständen des Stadtarchivs Bochum, insbesondere aus der Sammlung Camillo Fischer.

1. Auflage 2004
Alle Rechte vorbehalten, auch die des auszugsweisen Nachdrucks
und der fotomechanischen Wiedergabe.
Satz und Layout: Grafik & Design Ulrich Weiß, Gudensberg
Druck: Thiele & Schwarz, Kassel
Buchbinderische Verarbeitung: Buchbinderei Büge, Celle
© Wartberg Verlag GmbH & Co. KG
34281 Gudensberg-Gleichen, Im Wiesental 1
Telefon (0 56 03) 9 30 50
www.wartberg-verlag.de
ISBN 3-8313-1464-0

Vorwort

Am Abend des 4. November 1944 nahmen ca. 1 400 Flugzeuge der Alliierten Kurs auf Bochum, bombardierten die Stadt und legten sie in Schutt und Asche. Es war der schwerste Angriff auf Bochum während des Zweiten Weltkrieges, aber nicht der erste. Die Bombardements begannen schon 1940, verliefen für Bochum, wie für die gesamte Region, zunächst aber noch vergleichsweise glimpflich.

In seiner Eigenschaft als „Waffenschmiede" des deutschen Reichs spielte das Ruhrgebiet in den strategischen Überlegungen der Alliierten eine herausragende Rolle – und das nicht erst seit Beginn des Zweiten Weltkrieges. Die ab Mitte der 1930er Jahre forcierte Aufrüstungspolitik Deutschlands war den Nachbarstaaten nicht verborgen geblieben und hatte sie in Alarmbereitschaft versetzt. Das militärische Eingreifen deutscher Truppen in den spanischen Bürgerkrieg, die völkerrechtswidrige Besetzung der entmilitarisierten Zone des Rheinlandes, der „Anschluss" Österreichs, der deutsche Einmarsch in das Sudetenland sowie in Böhmen und Mähren nährten die Befürchtungen um den Frieden in Europa. So waren die europäischen Staaten nicht ganz unvorbereitet, als Deutschland mit dem Überfall auf Polen am 1. September 1939 den Zweiten Weltkrieg auslöste. Vor allem Großbritannien hatte Gegenstrategien entwickelt und der kriegswichtigen Bedeutung des Ruhrgebiets entsprechend unter anderem bereits im Frühjahr 1938 einen „Ruhr-Plan" ausgearbeitet, der für den Ernstfall gezielte Angriffe auf militärisch wichtige Ziele in der Rhein-Ruhr-Region vorsah. Als die britischen Flugzeuge nach der Besetzung Dänemarks und Norwegens und dem im Mai 1940 begonnenen „Westfeldzug" dann Luftangriffe auf das Ruhrgebiet flogen, waren vor allem Verkehrs- und Industrieanlagen das Ziel ihrer Bombardierungen, wobei die Schäden sich vorerst in Grenzen hielten.

Das änderte sich mit der als „Battle of the Ruhr" bezeichneten Luftoffensive gegen das Ruhrgebiet. Sie begann im März 1943 mit einem Großangriff auf Essen. Die britische Luftwaffe war jetzt besser gerüstet als zu Beginn des Krieges. Und das Ziel bestand nicht mehr allein in der Zerstörung der militärischen Struktur. Die Moral der Bevölkerung sollte unterhöhlt werden, und deshalb wurden auch die Innenstädte unter massiven Beschuss genommen. Das Ruhrgebiet wurde neben Berlin zum Hauptziel der Luftangriffe erklärt, an denen sich seit Mai 1943 auch amerikanische Bomber beteiligten.

Trümmerbeseitigung am Gebäude der Kommunalbank, 1943.

Bochum erlebte und erlitt im Mai sowie im Juni („Pfingstangriff") und im September 1943 mehrere Großangriffe, die Hunderte Todesopfer und noch weit mehr Verletzte forderten. Die Altstadt und Teile der Innenstadt wurden zerstört. Zahlreiche Menschen verloren ihr Heim und lebten fortan in Trümmern. Nach britischen Schätzungen betrafen die Zerstörungen bis Ende 1943 ein Viertel des gesamten Ruhrgebiets.

Gingen die auf den Zusammenbruch der Moral an der „Heimatfront" zielenden kriegstaktischen Überlegungen der Briten auf? Kam es in den zerbombten Städten zur erhofften Rebellion gegen das NS-Regime? Bekanntlich nicht. Den von den Luftangriffen bedrohten Menschen blieben die strategischen Überlegungen der Alliierten verborgen. Und vermutlich dachten auch nur die wenigsten der aus ihren Wohnungen Vertriebenen, Hungernden und um ihr Leben Fürchtenden daran, dass der Krieg, der sie nun erbarmungslos traf, ja von Deutschland ausgegangen war. Spätere amerikanische Untersuchungen kamen zu dem Ergebnis, dass das „moral bombing" sein Ziel verfehlt hatte. Die leidende Bevölkerung rückte enger zusammen, und das NS-Regime hatte zunächst einen weiteren Ansatzpunkt für seine Kriegspropaganda. Die während der Bombenangriffe Getöteten wurden zu gefallenen Kriegshelden stilisiert, die Trauerfeiern zu ihren Ehren für NS-Aufmärsche genutzt. Auch in Bochum. Hier bot die in typischer NS-Architektur gehaltene Trauerhalle auf dem Hauptfriedhof Freigrafendamm die eindrucksvolle Kulisse für martialische Totenfeiern nach den Bombennächten.

Ließen die Bombardements auf die Ruhrgebietsstädte ab Ende 1943 nach, so wurden sie ab August 1944, nach der im Juni desselben Jahres erfolgten Invasion der alliierten Truppen in der Normandie, mit voller Wucht fortgesetzt – und endeten erst im Frühjahr 1945. Ab Herbst 1944 kam es zur zweiten großen „Ruhrschlacht" der Alliierten. Die Luftangriffe auf das Ruhrgebiet forderten zwischen Oktober und Dezember 1944 insgesamt ca. 15 000 Todesopfer.

Der schwerste Angriff auf Bochum erfolgte am Abend des 4. November 1944. Ein amtlicher Bericht aus den Kriegstagen bilanziert diesen Angriff mit ca. 1 200 „Gefallenen", 300 Vermissten, 2 000 Verwundeten und 70 000 Obdachlosen, mit Zerstörungen und schweren Schäden an zahlreichen öffentlichen und privaten Bauten sowie an Verkehrswegen, Versorgungseinrichtungen und industriellen Anlagen.

Vorwort

Der Luftangriff vom 4. November 1944 jährt sich 2004 zum 60. Mal. Zum Gedenken an dieses schreckliche Ereignis erscheint das vorliegende Buch von Monika Wiborni. Es ist eine Dokumentation des Geschehen und belegt am Beispiel der Stadt Bochum mit weit über 100 Fotografien, mit Zeitzeugenaussagen und einigen Dokumentenauszügen die Zerstörungen eines Krieges, der von Deutschland ausgegangen war, der sich dann aber gegen Deutschland und seine Städte richtete und mit voller Härte die Zivilbevölkerung traf.

Opfer des Bombenkrieges auf deutschem Boden – und auch in Bochum – wurden nicht nur die Einheimischen. Seit dem Überfall auf Polen befanden sich mehrere Millionen Zwangsarbeiter – Kriegsgefangene, zivile ausländische Arbeitskräfte, KZ-Häftlinge – in Deutschland. Auch sie waren den alliierten Luftangriffen ausgesetzt. Die Bomben unterschieden nicht nach Anhängern und Gegnern des Regimes, unterschieden nicht nach Deutschen und Ausländern und auch nicht nach „Ariern" und Juden. Die weit über 30 000 Zwangsarbeiter in Bochum litten in den Bombennächten ganz besonders. Den Angriffen waren sie häufig schutzlos preisgegeben. Verlässliche Aussagen darüber, wie viele Zwangsarbeiter durch die Bombardements den Tod fanden, existieren nicht. Die in den Statistiken genannten Zahlen sind unvollständig. Es fällt auf, dass die amtlichen Chronisten – anders als die Bomben – sehr wohl unterschieden und die der rassistischen Ideologie entspringende Hierarchisierung der Menschen selbst im Tod noch aufrecht erhielten: Die Bochumer Kriegstoten waren „Gefallene", die ausländischen lediglich „Tote".

Die meisten der für das Buch verwandten Fotografien stammen von Camillo Fischer, der die Bochumer Stadtbildstelle mit aufgebaut hatte und einer der wichtigsten Bildberichterstatter Bochums war. Mit seinen Aufnahmen zwischen den beiden Weltkriegen schuf er die fotografische Dokumentation einer Stadt, die in dieser Form nicht mehr existiert. Aber auch die Zerstörungen wollte er im Bild festhalten. Die Kriegsaufnahmen entstanden in der Regel nach den Angriffen auf Bochum. Sie zeigen das Ergebnis der Bombardements, vor allem die materiellen Schäden. Das, was die Menschen während oder nach den Bombenangriffen empfanden, ihre Todesangst, ihr Schmerz, ist nicht fotografisch dokumentiert. Die Bilder können allenfalls eine Ahnung davon vermitteln. Aber auch das reicht aus, den Schrecken des Krieges heraufzubeschwören und sollte Mahnung genug sein gegenüber allen Kriegen dieser Welt.

Das Buch reiht sich ein in die Zahl der Veröffentlichungen, die in den vergangenen Jahren zum Bombenkrieg in Deutschland erschienen sind. Nachdem die Forschung zur NS-Zeit diese Thematik lange Zeit mit allergrößter Vorsicht behandelt oder gar ausgeklammert hatte, schien es an der Zeit zu sein, den Blick auf die deutschen Opfer des Weltkrieges zu lenken. Dieser Perspektivenwechsel ist dann problematisch, wenn er zur Überbetonung der eigenen Opferrolle führt. Er ist aber mehr als gerechtfertigt und würdigt das Leid der betroffenen Menschen, wenn er in die Zusammenhänge eingebettet wird. Wer der deutschen Opfer des Bombenkriegs und der Kriegszerstörungen deutscher Städte gedenkt, darf Guernica und Warschau, London und Coventry, Rotterdam und Leningrad und die vielen anderen von Deutschen angegriffenen Städte und Landstriche nicht aus dem Blick verlieren, darf die unzähligen Kriegstoten der anderen Nationen nicht vergessen und besonders nicht den millionenfachen Mord an den europäischen Juden.

In diesem Sinne wünsche ich dem Buch viele nachdenkliche Leser.

Ingrid Wölk, Stadtarchiv Bochum

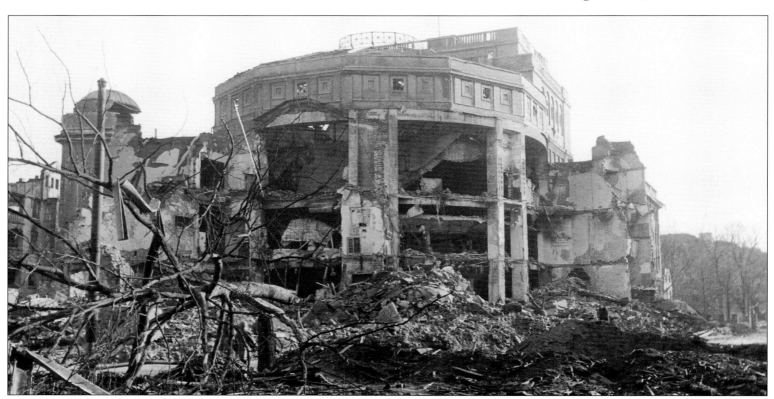

Schwere Schäden am Stadttheater, 1944. Das „Bochumer Schauspielhaus" wurde wieder aufgebaut.

Das alte Bochum

In den 1920er und 1930er Jahren wurde Bochum durch eine rege Bautätigkeit geprägt. Durch die kommunalen Neugliederungen der Jahre 1904, 1926 und 1929 endgültig zur industriellen Großstadt geworden, änderte die einst kleine Ackerbürgerstadt Bochum auch ihr Aussehen. Die idyllische Altstadt mit ihren eng verwinkelten Gassen, kleinen Fachwerkhäusern und romantischen Plätzen – mit der Propsteikirche St. Peter und Paul und dem Marktplatz als Mittelpunkt – wurde fast erdrückt durch die wilhelminischen Häuserzeilen der „Bochumer Gründerzeit" und den neuen imposanten Verwaltungsgebäuden, die nötig wurden, um den Aufgaben einer aufstrebenden Großstadt gerecht zu werden. Zu den vielen Neubauten zählten das Rathaus, die Hauptpost, die Kommunalbank, das Polizeipräsidium, der Schlacht- und Viehhof. Das Ehrenfeld erhielt neben dem bereits über die Grenzen Bochums hinaus bekannt gewordenen Stadttheater das Parkhotel Haus Rechen und das Lichtspieltheater „Lichtburg" an der Königsallee. Die Lichtburg war eines der modernsten Kinos seiner Zeit.

Das 1908 eingeweihte Kuhhirtendenkmal auf dem Marktplatz, im Hintergrund die Propsteikirche St. Peter und Paul, 1926.

Bochum vor dem Zweiten Weltkrieg

Eines der modernsten Kinos seiner Zeit: die im Bauhaus-Stil errichtete Lichtburg in der Nähe des Stadttheaters, um 1930. Sie hat den Zweiten Weltkrieg nicht überlebt.

Die Weiterentwicklung der städtischen Infrastruktur schritt zügig voran. Parkanlagen wurden angelegt, neue Schulen, Kirchen, Banken, Hotels, Kinos und Badeanstalten gebaut. Verkehrswege wurden ausgebaut und neu angelegt, ganz neue Wohnviertel entstanden für die Arbeiterschaft und für die besser gestellten Bevölkerungskreise. Der Bedarf an Wohnungen lässt sich verdeutlichen, wenn man bedenkt, dass Bochum um 1825 gerade mal 2500 Einwohner zählte und nach der Eingemeindungswelle von 1929 nun mehr als 300 000 Bewohner aufweisen konnte. Neben den vielen zugewanderten Arbeitskräften hatten natürlich die Einwohner der eingemeindeten Vororte für ein deutliches Anwachsen der Bevölkerung gesorgt. Und sie brachten auch ihr größtes wirtschaftliches Potential mit: die Zechen. Vor den Eingemeindungen war der „Bochumer Verein für Gußstahlfabrikation" der größte Arbeitgeber Bochums. Bochums Stadtbild wurde nun geprägt durch „Kohle und Eisen". Mehr als 60 % der Bevölkerung arbeiteten als Industrie- und Bergarbeiter. Die Bergleute fanden in den 44 Schachtanlagen auf Bochumer Gebiet Arbeit. Damit war Bochum zeitweise die zechenreichste Stadt des Kontinents.

Die industrielle und bauliche Entwicklung Bochums zu einem Wirtschafts- und Verwaltungszentrum im mittleren Ruhrgebiet wurde von vielen schmerzlichen Einschnitten begleitet: dem Ersten Weltkrieg, politischen Unruhen nach dem Krieg, der Besetzung des Ruhrgebiets und Wirtschaftskrisen, die auch Bochum empfänglich machten für die Ideologie der Nationalsozialisten. Und schließlich der Zweite Weltkrieg, der Bochum in Schutt und Asche legte.

Die Alleestraße mit Blick auf den Bochumer Verein, 1932.

Bochum nach dem Machtantritt der Nationalsozialisten

Am 30. Januar 1933 ernannte Reichspräsident Paul von Hindenburg Adolf Hitler zum Reichskanzler. Vielerorts feierten die Nationalsozialisten mit Fackelzügen diesen Sieg. Ihre Machteroberungsstrategie schien aufzugehen und setzte sich in den Kommunen fort. Durch Terrorakte wurde versucht, die politischen Gegner zunächst einzuschüchtern und zu zermürben. Am Samstag, dem 11. März 1933 – am Vortag der Kommunalwahl – zogen SA-Abteilungen zum Bochumer Rathaus, hissten die Hakenkreuzfahne über dem Gebäude und besetzten die Eingänge. Sie zwangen den parteilosen Oberbürgermeister Dr. Otto Ruer unter dem Vorwand schlimmer dienstlicher Verfehlungen zur sofortigen Niederlegung seiner Amtsgeschäfte. Nachdem auch die aufgeputschte Menge vor dem Rathaus seine Absetzung gefordert hatte, legte er sein Amt nieder. Die Vorwürfe gegen ihn waren unhaltbar, zermürbten ihn aber und trieben ihn schließlich in den Selbstmord. Die Nachricht von seiner Rehabilitierung erreichte ihn nicht mehr.

Der Einfluss der Nationalsozialisten drang in alle Bereiche des städtischen Lebens: in die Verwaltungen, Vereine und Verbände. Im Besonderen versuchten sie, sich in allen Wirtschaftsbereichen Geltung zu verschaffen. Hier konnten sie sich der Unterstützung des Großkapitals sicher sein. Schon bald nach der Machtübernahme durch die Nationalsozialisten wurde die Industrie zunehmend für die Produktion von Rüstungsgütern ausgebaut. Auch der Bochumer Verein bildete keine Ausnahme. Durch seine Gussstahlglocken weltberühmt geworden, stellte er nun Geschosse aller Kaliber her. Bereits vor Beginn des Krieges nahm dieser Fertigungsbereich 80% der Produktion ein.

Vorbereitung der Bevölkerung: Luftschutzmaßnahmen

Schon früh, und von den meisten wahrscheinlich gar nicht bemerkt, sollte auch die Bevölkerung auf einen eventuellen „Ernstfall" vorbereitet werden. Bereits im April 1933 wurde der Reichsluftschutzbund gegründet. Die Grundlagen für einen umfassenden Luftschutz regelte das Reichsluftschutzgesetz vom 26. Juni 1935, mehr als vier Jahre vor dem Beginn des Zweiten Weltkriegs, der mit dem Überfall auf Polen am 1. September 1939 von Deutschland ausgegangen war. Zuständig für den Bereich des zivilen Luftschutzes waren die örtlichen Polizeipräsidenten in Zusammenarbeit mit dem Reichsluftschutzbund. Die Bürger wurden besonders mit dem Umgang von Gasmasken vertraut gemacht. Die Errichtung von Luftschutzräumen beschränkte sich allerdings in der ersten Stufe darauf, vorhandene Räume wie Kellergeschosse in öffentlichen und privaten Gebäuden behelfsmäßig als Schutzräume auszubauen. So diente auch der Rathauskeller im Notfall als Schutzraum. Bestimmungen zum Bau von „bombensicheren Luftschutzräumen"

Bau des Tiefbunkers auf dem Westfalenplatz am Stadttheater, Februar 1941.

Öffentlicher Luftschutzraum im Bochumer Rathaus.

Bochum vor dem Zweiten Weltkrieg

ergingen erst im November 1940. Die Planung für den Bau geeigneterer Bunker- und Stollenanlagen übernahm die Organisation Todt, eine technische Spezialtruppe mit dem Ingenieur Fritz Todt als Leiter, dem bereits 1933 der Reichsautobahnbau übertragen worden war. Im Verlauf des Krieges übernahm die Organisation Todt viele Aufgaben im militärischen Bauwesen. Im November 1940 wurden die ersten Aufträge für den Bau von Tiefbunkern vergeben, zum Beispiel auf dem Amtsplatz in Bochum-Hamme und auf dem Westfalenplatz am Stadttheater. Im Dezember 1940 folgten Aufträge für den Bau der Hochbunker, die wie die meisten Tiefbunker auch heute noch Bestandteil des Stadtbilds sind. Viele Bochumer Plätze erhielten durch den Bunkerbau – besonders durch die Errichtung der Hochbunker – ein neues Gesicht. So verlor der Moltkemarkt (heute Springerplatz) im Griesenbruch durch den Bunker seine weitläufige Struktur.

Für den Bau der Bunker wurden strenge Richtlinien erlassen. Neben dem Ausbau als Stahlbetonbauten mit 2–3 Meter Wandstärke je nach Größe sollten die Bunkeranlagen mit einer künstlichen Belüftung versehen werden, die auch in der Lage sein musste, Kampfgas herauszufiltern. Außerdem mussten umfangreiche Nebenräume vorhanden sein: getrennte Wasch- und Aborträume, Arzt- und Hebammenräume, Einzel- und Gruppenräume, damit die dort Schutz suchende Bevölkerung auch „die notwendige Ruhe und Bequemlichkeit finden könne". Die kriegsbedingte Materialknappheit lässt bezweifeln, dass alle Bunker mit der notwendigen Einrichtung ausgestattet wurden. Wie den Akten des Stadtarchivs zu entnehmen ist, beschränkte sich die „künstliche Belüftung" oft „auf das Offenhalten der Eingangstüren", wie beim Hochbunker an der Wiemelhauser Straße, der über sieben Geschosse verfügte und oft mit mehr als 3 000 Menschen überbelegt war. Es scheint, dass mehr Zeit und Geld für die Anbringung und künstlerische Ausgestaltung der Hoheitszeichen als für die notwendige Ausstattung verbraucht wurden. Da durch den Kriegseinsatz der meisten Männer oft nicht mehr genügend Arbeitskräfte zum Bunkerbau zur Verfügung standen, mussten nach Bochum verschleppte Zwangsarbeiter auch diese Arbeiten verrichten.

Bunkerbau auf dem Moltkemarkt, 1941.

Die ersten Bomben fallen

Die erste Angriffswelle

Durch die großen Industriewerke wie Krupp in Essen, den Bochumer Verein und andere kriegswichtige Produktionsstätten avancierte das Ruhrgebiet zur „Waffenschmiede Deutschlands". Damit wurde auch Bochum zum bevorzugten Angriffsziel der Alliierten. In den Jahren 1940, 1941 und 1942 erfolgten mehr als fünfzig feindliche Luftangriffe auf Bochum. Die angerichteten Schäden hielten sich im Vergleich zu den späteren Angriffen noch in Grenzen. Die ersten Sprengbomben gingen auf den Stadtteil Bochum-Werne nieder, mit dem ersten zu beklagenden Todesopfer. Der erste größere Angriff traf den Stadtteil Dahlhausen am 2. Juni 1942.

Die Not der Bevölkerung vergrößerte sich rapide. Schon ab Kriegsbeginn wurden die Nahrungsmittel rationiert und nur gegen Vorlage der eingeführten Lebensmittelkarten ausgegeben, um die gleichmäßige Versorgung aller Personen mit den immer knapper werdenden Erzeugnissen zu gewährleisten. Die Zuteilung der verschiedenen Lebensmittel wurde nach Altersgruppen gestaffelt. Schwer- und Schwerstarbeiter erhielten Zulagen. Daneben verlangte man der Bevölkerung weitere materielle Opfer ab. Sie wurde aufgerufen, Metalle für die Herstellung von Geschosshülsen zu spenden. Die damaligen Bochumer Tageszeitungen meldeten mit Stolz: *„Älteste Prachtstücke, die*

Zerstörungen nach einem Luftangriff vom 23. auf den 24. Juni 1941 in Bochum-Werne, Auf den Holln.

Die ersten Bomben fallen

schon seit Generationen Familienbesitz sind, schmücken die Lager der Metall-Sammelstellen. Man sieht kunstvolle Bierkrüge aus dem 18. Jahrhundert, wunderschöne Zinnteller mit einem ehrwürdigen Alter von 500 Jahren. (...) und vieles andere. Das sind Opfer im besten Sinne." Die Materialknappheit machte auch vor den Kunstwerken und Denkmälern nicht halt. Die Bronzefiguren am erst 1931 fertig gestellten Rathaus wurden im März 1940 „geopfert", es folgten weitere das Stadtbild prägende Denkmäler: zum Beispiel das Kuhhirtendenkmal und das Standbild des Grafen Engelbert des gleichnamigen Brunnens.

Die Massivität und Härte der Angriffe nahm unaufhaltsam zu. Längst hatten die angreifenden Briten ihre Verpflichtung, die Zivilbevölkerung mit Bombenangriffen zu verschonen und keinen Krieg gegen Frauen und Kinder zu führen, gebrochen. Besonders nach der Luftschlacht um England gehörten für die britische Regierung Luftangriffe auf deutsche Städte zum entscheidenden strategischen Kriegskonzept. Durch die planmäßige und massive Zerstörung deutscher Städte, besonders der Wohngebiete, glaubte sie, die Kriegsmoral und den Widerstandswillen der Deutschen brechen und den Krieg somit schneller beenden zu können. Im Januar 1943 einigten sich die Briten und die inzwischen in den Krieg eingetretenen Amerikaner in Casablanca auf die Forderung nach bedingsloser Kapitulation Deutschlands und auf eine weitere Verschärfung des Bombenkrieges. Während sich die amerikanische Luftwaffe auf militärische, verkehrstechnische und industrielle Punktziele konzentrierte, setzten die Briten weiterhin taktisch auf nächtliche Flächenbombardements deutscher Städte. Sie hatten neue Verfahren entwickelt, um ihre Ziele nachts besser orten und treffen zu können. Besonders die Großstädte wurden ins Visier genommen. Dem hatte die deutsche Luftabwehr mit ihren Flakbatterien nicht mehr viel entgegenzusetzen.

Schäden in der Eiberger Straße, Bochum-Dahlhausen, nach dem Luftangriff in der Nacht zum 2. Juni 1942. Insgesamt wurden 15 Sprengbomben, 2000 Stabbrandbomben, 300 Phosphorbrandbomben und eine Kautschukbenzinbrandbombe in der Zeit von 1.05 bis 2.40 Uhr abgeworfen. 21 Verletzte mussten versorgt werden.

Metallsammlung in der Volksschule an der Oskar-Hoffmann-Straße, März 1940.

Auch der Rathausschmuck wurde „geopfert": das Abnehmen der auf den Balkonen angebrachten Bronzefiguren, März 1940.

Die ersten Bomben fallen

Bombenschäden in der Von-der-Recke-Straße, Bochum-Hamme, nach einem Luftangriff in der Nacht auf den 9. Juni 1942.

Die „Hammer Licht-Spiele" nach einem Angriff in der Nacht zum 9. Juni 1942, Gahlensche Straße 127.

Die Kemnader Brücke nach den ersten Angriffen, September 1942.

Die ersten Bomben fallen

Luftangriff auf den Stadtteil Bochum-Riemke, Tröskenstraße. 250 Stabbrandbomben wurden in der Zeit von 19.25 bis 19.50 Uhr am 13. Januar 1943 abgeworfen. Sie hinterließen ein Todesopfer und 19 Verletzte. Die Bewohner bergen ihre letzte Habe.

Längst war sie nicht mehr in der Lage, den notwendigen und propagierten Schutz zu garantieren. Die Zivilbevölkerung bekam seit dem Frühjahr 1943 mit voller Härte zu spüren, was der „totale Krieg" bedeutete, den Goebbels am 18. Februar 1943 im Berliner Sportpalast verkündet hatte. In der Nacht zum 14. Mai 1943 erlebte Bochum einen schweren Großangriff. Mehr als 360 Personen fanden den Tod, mehr als 1 000 wurden verletzt. Das Rathaus erlitt schwere Schäden: Das Dachgeschoss und das fünfte Obergeschoss brannten völlig aus, das vierte teilweise. Auch das Stadttheater wurde schwer getroffen. Die Bochumerin Hella W., die im Stadtteil Weitmar-Nord aufgewachsen ist, erinnert sich an den Tag danach: *„Als ich am nächsten Morgen ins Büro ging, kam ich an der Alleestraße, am früheren Moltkeplatz und Umgebung, eben das Viertel rund um den Bochumer Verein vorbei, ein Bild des Grauens bot sich mir. Ruinen über Ruinen, die zum Teil noch brannten. Auf den Straßen lagen bis zur Unkenntlichkeit verbrannte Menschen, kohlrabenschwarz. (...) Die Menschen hatten das, was sie retten konnten, vor den Trümmern, auf den Bürgersteigen aufgestapelt und saßen verzweifelt daneben. (...)"*

Die zerstörte städtische Badeanstalt in der Marienstraße.

Einsturzgefährdete Fassaden wurden niedergerissen, hier in der Oskar-Hoffmann-Straße, Mai 1943.

Die ersten Bomben fallen

Zerstörungen am Rathaus nach dem Angriff vom 14. Mai 1943.

Schwere Schäden an der Marienkirche.

Schäden am Lokschuppen des Hauptbahnhofs und am Bahnhofsvorplatz.

Die zerstörte Johanniskirche in der Altstadt, im Volksmund auch „Pfefferdose" genannt. Sie wurde nicht wieder aufgebaut.

Die ersten Bomben fallen

Kaum hatte sich die Stadt von diesem Schlag erholt, folgte der nächste. Britische Bomber zerstörten in der Nacht zum 17. Mai 1943 mit Spezialsprengbomben die Staumauer der Möhnetalsperre, mehr als 130 Millionen Tonnen Wasser ergossen sich ins Ruhrtal, über 1 000 Menschen starben. In Bochum wurde die Elektrizitäts- und Wasserversorgung fast völlig lahm gelegt. Die Belieferung der Bevölkerung und Industriebetriebe mit Strom, Wasser und Gas wurde empfindlich gestört. Nach den Angriffen sorgten eiligst eingerichtete Verpflegungsstellen dafür, die Bevölkerung mit Sonderrationen zu beruhigen. Das Regime wollte weiterhin das Gefühl vermitteln, es werde sich um alles gekümmert. Schäden wurden schnellstmöglich repariert, Trümmer beseitigt, Versorgungsleitungen wieder hergerichtet. Für die Aufräumungs- und Wiederaufbauarbeiten zeigte sich auch die Organisation Todt verantwortlich, wie in der 18. Anordnung des Generalbevollmächtigten für die Regelung der Bauwirtschaft in der Fassung der Anordnung vom 16. Januar 1941 festgelegt wurde: *„In letzter Zeit haben sich die feindlichen Fliegerangriffe in besonderem Maße den Wohnvierteln deutscher Städte zugewandt. (...), daß die hiervon betroffenen Bevölkerungskreise in allererster Linie zumindest von den materiellen Sorgen befreit werden. Hierzu gehört die beschleunigte Behebung der durch die Fliegerangriffe eingetretenen Bomben- und Brandschäden. Für die Durchführung der einzuleitenden Sofortmaßnahmen bestimme ich daher folgendes: (...) 3.) Schäden, deren Behebung kurzfristig möglich erscheint, sind unverzüglich auszugleichen. Die hierzu erforderlichen Bauarbeiten gelten als vordringlich vor den von mir als kriegswichtig anerkannten und in die Dringlichkeitslisten aufgenommenen Bauvorhaben. (...) 5.) Für die Ingangsetzung der Sofortmaßnahmen kann auf die auf nahegelegenen Baustellen vorhandenen Baustoffe zurückgegriffen werden. (...) 7.) (...) Wiederaufbauarbeiten sind in solchen Fällen erst einzuleiten, nachdem die Gewähr für eine ungehinderte Durchführung gegeben ist. 8.) Wenn sich vorstehende Regelung auch in erster Linie auf die Instandsetzung beschädigter Wohnungen bezieht, so ist sie sinngemäß auch auf solche gewerblichen oder industriellen Betriebe anzuwenden, bei denen es sich nur um einen geringfügigen Schaden handelt. gez. Dr. Todt."*

Die zerstörte Staumauer des Möhnesees nach dem Angriff vom 17. Mai 1943.

Das durch die Möhneseekatastrophe verursachte Hochwasser überschwemmte weite Teile der südlichen Bochumer Stadtteile und der angrenzenden Ortschaften, hier die Bochumer Straße in Baak.

Versorgung der Bevölkerung mit Trinkwasser nach der Zerstörung der Möhnetalsperre.

Gemeinschaftsverpflegung nach einem Luftangriff, Mai 1943.

Der Pfingstangriff 1943

Doch durch die zunehmenden Angriffswellen der alliierten Luftstreitkräfte wurde bereits Wiederaufgebautes erneut zerstört. Der schwere Pfingstangriff 1943, in der Nacht vom 12. auf den 13. Juni, machte dies besonders deutlich. Die Bochumer Innenstadt wurde großflächig bombardiert und verwüstet. Schwere Schäden trug auch die Altstadt davon. Das Rathaus wurde erneut schwer getroffen, Teile des Ostflügels regelrecht aus dem Bau herausgerissen. 312 Menschen fanden den Tod, darunter 39 Kinder und 44 fremde Staatsangehörige, vorwiegend Zwangsarbeiter, die in der Rüstungsindustrie eingesetzt waren. 324 Personen wurden verwundet.

Beseitigung von Trümmern in der Kortumstraße.

Bergungs- und Aufräumarbeiten in der Kortumstraße am Handelshof, in der Nähe des Hauptbahnhofs.

Bergung der Todesopfer. Beim Pfingstangriff 1943 kamen 39 Kinder ums Leben.

Großangriff auf die Bochumer Innenstadt

Bergung und Abtransport von gerettetem Hausrat.

Zerstörungen in der Kortumstraße/Ecke Wilhelmsplatz. Schwer beschädigt wurden die Gebäude der Gesellschaft „Harmonie" und des Kaufhauses Kortum.

Die Baarestraße mit Beschädigungen an Wohnhäusern und an der Friedenskirche (links).

▶ Aufräumarbeiten an der erst 1927 fertig gestellten Kommunalbank.

Großangriff auf die Bochumer Innenstadt

Die zerstörte Pauluskirche in der Bochumer Innenstadt.

Schäden am St.-Elisabeth-Hospital in der Bleichstraße.

Großangriff auf die Bochumer Innenstadt

Neben dem Angriff vom 4. November 1944 zählt der Pfingstangriff 1943 zu den schwersten Angriffen auf Bochum. Doch auch nach diesem schweren Angriff setzten sofort Aufräumungsarbeiten ein, einsturzgefährdete Häuser wurden gesprengt, die Not leidenden Menschen mit Sonderrationen versorgt. Das alles klappte trotz schwierigster Umstände perfekt, wie viele Zeitzeugen immer wieder bestätigten. Die noch erscheinenden Tageszeitungen „unterstützten" die Bevölkerung mit ihren Durchhalteparolen: *„Wir wissen, worum es geht und stehen durch, komme, was da wolle."* Zugleich wurden mit großem Aufwand offizielle Trauerfeiern unter der Mitwirkung der Bochumer NS-Führungsriege, Ehrenabordnungen der NSDAP, der Wehrmacht, des Reichsluftschutzbundes und vieler anderer Verbände auf dem Hauptfriedhof am Freigrafendamm organisiert. Der Totenkult, den das Regime so beeindruckend zu zelebrieren verstand, wurde auch hier „meisterhaft" inszeniert. Das Bochumer Ehepaar Claus – Fritz Claus, Kommunalpolitiker, war von 1969 bis 1974 Oberbürgermeister der Stadt Bochum – beschrieb in einem mit dem Stadtarchiv geführten Interview nach der Frage, woher die Bevölkerung noch die Kraft für solche propagandistische Veranstaltungen hernahm, die Situation: *„Das ist eben das Erstaunliche dabei, (...) man weiß tatsächlich nicht, woher die Bevölkerung damals den Mut noch gehabt hat, überhaupt so mitzumachen, aber das war, fast war das der Mut der Verzweiflung, wahrscheinlich. Man konnte ja gar nicht anders, man war ja auch gar nicht informiert, man wußte nichts von den Konzentrationslagern und von dem ganzen Geschehen, was so außerhalb war. Man mußte das ja glauben, was die Wochenschau und was uns die Nachrichten brachten. Und deshalb war es eben; man hat sich gesagt, es bleibt uns gar nichts anderes übrig, als durchzuhalten. (...)"*

Das städtische Orchester gestaltete die Trauerfeier für die Opfer des Pfingstangriffs 1943 mit.

Am 18. Juni 1943 fand die Trauerfeier für die Opfer des Pfingstangriffs auf dem Hauptfriedhof am Freigrafendamm statt. Vor dem Hintergrund eines NS-Monumentalbaus wurde sie von den Machthabern auch zu Propagandazwecken benutzt.

Evakuierung der Bochumer Bevölkerung

Die Wucht der Angriffe im Juni 1943, am 26. Juni folgte ein weiterer Großangriff, hinterließ 538 Todesopfer. Ein normales Leben war kaum noch möglich. Drei weitere Großangriffe im Jahr 1943, am 10. Juli, 12. August und 29. September, und kaum zu zählende Fliegeralarme ließen die Bevölkerung nicht zur Ruhe kommen. Nacht für Nacht, oft auch am Tage, fristeten die Menschen ihr Dasein in den Luftschutzbunkern, in Kellern, in eiligst noch angelegten Stollen. Wer nicht in Bochum bleiben musste, verließ die Stadt, freiwillig oder „planmäßig evakuiert".

„Privater" Luftschutzstollenbau.

Der Luftangriff vom 26. Juni 1943 hinterließ auch seine Spuren an den Bunkern, hier in Bochum-Werne. Auch im Inneren des Bunkers blieben die Menschen nicht verschont: 16 Personen wurden verletzt.

Am 26. Juni 1943 wurde das katholische Waisenhaus St. Vinzenz von zwei Minen getroffen und zerstört. Von 53 verschütteten Erwachsenen und 104 Kindern konnten 43 Erwachsene und 28 Kinder unverletzt geborgen werden, mit Verletzungen 4 Erwachsene und 11 Kinder. Für 6 Erwachsene und 65 Kinder kam jede Hilfe zu spät.

Die Bochumer verlassen ihre Stadt

Bochum gegen Ende 1943, Blick über die Alleestraße in Richtung Bochumer Verein.

Frauen mit Kleinkindern, durch Luftangriffe obdachlos gewordene Einwohner, alte und kranke Menschen und ganze Schulklassen, insgesamt über 110 000 Bewohner, wurden seit Mitte 1943 evakuiert: ins Sauerland, nach Pommern und in den Sudetengau. Für Mütter mit Säuglingen und Kleinkindern und für werdende Mütter setzte man vielfach Sonderzüge ein, um sie in sichere Gebiete zu bringen. Bei den obdachlos gewordenen Bürgern sollte darauf geachtet werden, dass sie nicht in den westlichen Gebieten eine neue Bleibe suchten, besonders im Rahmen der Selbsthilfe. Die Evakuierung der Schulkinder wurde generalstabsmäßig organisiert. Vor dem Krieg unterrichteten über 1 000 Lehrer 46 310 Schülerinnen und Schüler an 95 Volksschulen, vier Mittelschulen, sieben Gymnasien, Berufs- und sonstigen Fachschulen. Nach Ausbruch des Krieges mussten bereits erhebliche Einschnitte bei den Lehrkräften hingenommen werden. Die gelenkte Umquartierung der Schulen erfolgte im Juni und Juli 1943. Dabei fanden 15 898 Schulkinder mit ihren Lehrern vorübergehend in Pommern eine neue Heimat. Bereits 2 500 schulpflichtige Kinder konnten vorher in Kinderlandverschickungslagern untergebracht werden. Fast 16 000 Schulkinder konnten durch Selbsthilfe Bochum verlassen. Sie kamen bei Verwandten in weniger gefährdeten Gebieten unter.

Dr. Luise Kemna, bis 1957 Oberstudienrätin an der Freiherr-vom-Stein-Schule, beschrieb 1965 ihre Erlebnisse in Pommern in einer Festschrift der Schule:

Fast alle Bochumer Schulen wurden evakuiert

„Nach der vollständigen Zerstörung der Freiherr-vom-Stein-Schule und fast aller anderen Bochumer Schulen wurden alle Schulen der Stadt im Juli 1943 evakuiert. Die Freiherr-vom-Stein-Schule wurde mit mehr als 300 Schülerinnen, zu denen sich viele Mütter mit jüngeren Geschwistern gesellt hatten, nach Belgard in Pommern verlegt. Die Schülerinnen wurden alle in Familien untergebracht (...). Der größte Teil des Kollegiums ging mit nach Pommern, einige blieben in Westfalen oder waren zum Flakdienst in der Heimat eingesetzt. Zum Unterricht standen die Räume der Belgarder Mädchen-Oberschule und die des städtischen Gymnasiums im Nachmittagsunterricht zur Verfügung. (...) Das Rathaus stellte uns für den Teil der mitgenommenen Lehrer- und Schülerbibliothek einen Raum zur Verfügung, so daß Lernstoff genügend vorhanden war. Mitten in die Arbeitszeit fiel vom Juli bis September 1944 unsere erneute Umlegung. Auf Wunsch der Gauleitung wurden alle westfälischen Oberschulen und Mittelschulen trotz des Widerspruchs der gesamten Lehrerschaft nach Heringsdorf, Ahlbeck oder Bansin an der Ostsee verlegt. Wir bezogen in Hotels und Pensionen neue Quartiere in Form von Lagern mit Lagerführern aus dem Kreise des BDM und einer Lehrkraft pro Lager. Fast alle Lehrkräfte wohnten mit in den Lagern und hatten sich der Lagerordnung auch in bezug auf ihre Freizeit und Ferien zu fügen. Der Unterricht fand zum Teil in den Eßräumen, zum Teil auf den Balkonen

Die Bochumer verlassen ihre Stadt

Einwohner warten auf ihre Evakuierung an der Sammelstelle Königsallee, 1943.

oder Schlafzimmern, zum Teil im Freien am Strande statt. An Lehrmitteln konnte trotz des gut organisierten Transportes in tadellosen Wagen Juli 1944 nur wenig mitgenommen werden. Die Schule kehrte Ende September 1944 nach Belgard zurück. Noch kurze Zeit konnte ein regelmäßiger Unterricht gegeben werden, ein letztes Weihnachtsfest in den Räumen des Landratsamtes mit allen Angehörigen der Schulgemeinschaft und den Pflegeeltern der Schülerinnen gefeiert werden, dann setzte der Flüchtlingsstrom aus Ostpreußen ein. (...) bis wir dann selbst am 2. März 1945 mit den noch in Belgard verbliebenen Schülerinnen – manche waren heimlich mit ihren Müttern abgerückt oder von Vätern geholt worden – trotz des Widerspruchs der örtlichen Befehlsstellen der Partei und der HJ, unter der Führung des Direktors, der trotz aller Widerstände den letzten Augenblick zum Abzug erzwang, die Flucht ergriffen. (...)"

Einigen Schülerinnen und Schülern ist der Aufenthalt in den Evakuierungsgebieten als schöne Zeit in Erinnerung geblieben, da sie dort vielfach vom Kriegsgeschehen nicht mehr viel mitbekommen hatten, wenn die Trennung von zu Hause auch Heimweh und Weihnachtsfeste fern der Heimat bedeuteten. Eine ehemalige Schülerin der Freiherr-vom-Stein-Schule, die im Februar 1944 in Belgard ihr Abitur machte, erinnert sich:

Kartoffeleinsatz und Strohdecke

„Vor dem ‚Auszug der Kinder Israel', wie wir das Unternehmen heimlich nannten, wurden wir auf dem Schulhof zusammengetrommelt; jede Schülerin bekam eine Nummer für ihre Wäschestücke, ich hatte 253. Wir sollten ja ein ‚Großlager' werden. Wer ahnte damals, daß das undurchführbar war, weil Großunterkünfte fehlten! Ganz in der Vorfreude auf ein ‚schönes Lagerleben' fuhren wir gut 50 Stunden durch deutsche Lande bis an unser Ziel, wo man uns mit Musik empfing und uns durch den Ort bis zu einem Gasthaussaal geleitete. Dort klärte man uns

Abfahrt eines Sonderzuges im Rahmen der erweiterten Kinderlandverschickung vom Bochumer Nordbahnhof aus, April 1943.

über die veränderte Situation auf. Mit Kaffee und Kuchen körperlich gestärkt bezogen die einzelnen Schülerinnen und Mütter mit Kleinkindern dann ihre Quartiere. Als eine der letzten kam ich zu reinsten Idealisten: jedes Stückchen teilten sie mit mir, ich durfte mich ganz wie zuhause fühlen, Klavierspielen und im Garten Obst naschen, solange der Vorrat reichte. Die oberen Klassen bekamen nun schleunigst ‚Patenkinder' aus der Unterstufe. Damit wußten die Jüngeren nun jemanden, dem sie sich anvertrauen konnten, der für sie auch einmal Unannehmlichkeiten mit den Pflegeeltern wieder ins Lot brachte. Wir mußten auch den Eltern unserer Patenkinder hin und wieder schreiben und Bericht erstatten. Vor allem aber sollte darauf geachtet werden, daß den ‚Bochumern' nichts Unrühmliches nachgesagt werden konnte. Dies war, weil die meisten von uns nicht mit offenen Armen empfangen worden waren, sehr wichtig. (...) An den ‚Kartoffeleinsatz' (unsere Sommerferien 43) auf Groß Tychow

Die Bochumer verlassen ihre Stadt

wird sich auch noch manche von der ehemaligen Oberstufe erinnern. An die Ausgabe von Stiefeln z. B. (aus einer Belgarder Sammlung stammend), in denen wir unmöglich aussahen und in die man nur mit Fußlappen hineinstieg, um die eigenen Strümpfe zu schonen. Auf dem Vorwerk waren Holzbetten aufgestellt, einem Arbeitsdienstlager entliehen, darin Strohsäcke, mit denen wir damals wohl alle erstmals Bekanntschaft gemacht haben. So ekelhaft das Stroh der Sackfüllung auch durchstach, der Spaß beim Budenzauber, wenn die ‚Oberbewohner' der Doppelstockbetten durchfielen, weil die Bretter unter dem Strohsack entfernt worden waren. Und jede erinnert sich wohl auch an die Mahlzeiten: Buttermilchkartoffeln und Kartoffeln mit Buttermilch? Nie Fleisch, (...). Großer Jubel, als Dir[ektor] Lotz auf einem leichten Motorrad mit dem Verwalter aufs Feld gefahren kam, sich unsere Beschwerden anhörte und sogleich zum Grafen weiterfuhr. Danach gab es dann auch endlich normales, deftiges Essen mit Fleisch darin und genug Gemüse!"

Diejenigen evakuierten Schulen, die dann doch in den angeblich weniger gefährdeten Gebieten vom Krieg eingeholt wurden, hatten mehrfach damit zu kämpfen, überhaupt Unterricht zu erteilen. Das trifft besonders für die Mittelschulen zu. Die fortschreitende Zerstörung der zugewiesenen Schulgebäude und die dadurch mehrfach wechselnden Unterkünfte der Schulen ließen nur noch unzureichenden Unterricht zu, bis er schließlich ganz zum Erliegen kam. Zudem nahmen die Schülerzahlen ständig ab, da die älteren Schüler als Kriegshelfer eingesetzt wurden. Nicht alle Bürger hielten sich an die „verordnete" Evakuierung. Eltern, die in Bochum bleiben mussten, holten ihre Kinder aus den Evakuierungsgebieten früher zurück als erlaubt. Manche konnten auch eine Trennung von ihnen nicht ertragen und behielten sie trotz des enormen Drucks, der unter anderem durch den Entzug der Lebensmittelkarten ausgeübt wurde, in Bochum. In einer Nachkriegsstatistik wird die Zahl der in Bochum gebliebenen schulpflichtigen Kinder mit 6 000 angegeben.

Fliegeralarm: Menschen rennen um ihr Leben und suchen Schutz im Bunker an der Wiemelhauser Straße, 1944.

Die Angriffswelle 1944

Nach der Landung der Alliierten in der Normandie begann die zweite große Angriffswelle auf das Ruhrgebiet. Im März, Juli und September 1944 wurde Bochum von mehreren mittelschweren Angriffen getroffen. Dabei erlitten besonders die Stadtteile Dahlhausen, Grumme, Hamme, Hiltrop, Hofstede, Riemke und Wiemelhausen schwere Schäden in den Wohngebieten und an den Zechenanlagen. Reparaturarbeiten wurden umgehend eingeleitet. Auch diese Aufbauarbeiten blieben nur von kurzer Dauer. Der nächste „Terrorangriff feindlicher Flieger" fand in den Abendstunden des 9. Oktober 1944 statt. Wie auch bei den folgenden Angriffen am 12. und 25. Oktober traf es besonders die Vororte. Im Oktober 1944 fanden 171 Menschen den Tod. Des Weiteren wurden die Zechenanlagen stark beschädigt. Im Stadtteil Weitmar weisen sämtliche Bauernhöfe durch die zahlreichen Sprengbomben erhebliche Gebäudeschäden auf, von den massiven Flurschäden ganz zu schweigen. Der nächste Angriff am 1. November 1944 galt dem Stadtteil Dahlhausen, insbesondere dem Firmengelände der Fabrik Dr.-C.-Otto.

Die zerstörte Schule Riemker Straße 4 nach dem Luftangriff in der Nacht zum 26. Juli 1944. Insgesamt gingen 734 Sprengbomben auf Bochum nieder, davon mussten 153 als Blindgänger beseitigt werden. 27 Personen wurden getötet.

Der Luftangriff am 4. November 1944

Wer bisher dachte, schlimmer kann es nicht mehr kommen und die Hoffnung auf den propagierten „Endsieg" noch nicht aufgegeben hatte, wurde schnell eines Besseren belehrt. Am Abend des 4. November 1944, zwischen 19.00 und 20.00 Uhr, erfolgte der schwerste Angriff auf Bochum. Etwa 1400 britische Bomber hatten Kurs auf Bochum genommen und belegten die Stadt mit einem Bombenteppich aus 7000 Sprengbomben, 300 Minen und 60000 Brandbomben. Eher nüchtern klingt der Bericht der Stadtverwaltung über den schrecklichsten Alptraum, den die Bevölkerung erleben musste. Mehr als 1200 Menschen kamen durch diesen Angriff ums Leben, 2000 Personen wurden verletzt, 300 Einwohner galten als vermisst und über 70000 verloren ihre Unterkunft. Der offizielle Bericht listet die angerichteten Sachschäden in den Stadtvierteln äußerst akribisch auf. Die gesamte Innenstadt und Teile der angrenzenden Vororte bestanden nur noch aus Schutt und Asche. Die meisten öffentlichen Gebäude, das Rathaus, die Ruhrknappschaft, das Stadttheater, das Amtsgericht nebst Amtsgerichtsgefängnis, sämtliche Krankenhäuser, die Hauptpost, nur um einige zu nennen, wurden schwer beschädigt, wenn nicht gar völlig zerstört. An den Industrie-, Zechen- und Reichsbahnanlagen und an den Gebäuden vieler Gewerbebetriebe entstanden ebenfalls erhebliche Schäden. Die Stadt brannte lichterloh, noch tagelang.

Todesopfer des schwersten Luftangriffs auf Bochum. Beim Angriff des 4. November 1944 starben mehr als 1200 Menschen, 2000 wurden verwundet und über 70000 verloren ihre Bleibe.

Bochum sinkt in Schutt und Asche

Die brennende Stadt Bochum.

Bergung von Verschütteten. Für viele der unter den Trümmern begrabenen Opfer kam jede Hilfe zu spät. Sie konnten oft nur noch tot geborgen werden.

Ingeborg R., die in der Siedlung Stahlhausen des Bochumer Vereins wohnte, erlebte den Angriff vom 4. November auf ihrer Arbeitsstelle:

Gegen 19 Uhr gab es Vollalarm
„Ich war Dienstverpflichtet und arbeitete beim Bochumer Verein im Kesselhaus der Gaskraftzentrale. Am 4. Nov. hatte ich Mittagschicht. Gegen 19 Uhr gab es Vollalarm. Wir gingen zum Schutz in einen Kabelkanal. Eine Stunde blieb es ruhig, dann sagte der Sprecher des Warnsenders in einem Atemzuge: ‚Schwere feindliche Verbände fliegen den Raum Dortmund Recklinghausen an, einige Flugzeuge im Anflug auf Bochum. Der Großangriff auf Bochum hat begonnen.' Dabei fielen auch schon die Bomben. Gleich darauf gab es akuten Alarm. Wir hörten die Einschläge aus allen Richtungen, auch nahe bei uns. Gegen 22 Uhr trat ich mit einem älteren Herren den Heimweg an. Wir mußten zur Lüderitzstr. Das Werk lag vollständig im Dunkeln. Die Treppe über die wir gehen mußten, um zum Tor 1 zu gelangen, war ein Bombentrichter. Wir gingen dann durch die Rettungsstelle, ein langgezogener Betonbau, der von innen verwüstet war. Am Stahlwerk stand ein russischer Kriegsgefangener und starrte in den Himmel. Auf der Alleestr. war es taghell. Rechts und links brannten die Häuser. Der Griesenbruch war ein Schutthaufen. Die Straßen waren nicht zu begehen. So gingen wir die Alleestraße ganz durch. Wir waren die einzigen Menschen die unterwegs waren."

Bochum sinkt in Schutt und Asche

Mit bloßen Händen suchten die Menschen nach ihren verschütteten Angehörigen. Schweres Räumgerät konnte wegen der Trümmermassen oft nicht eingesetzt werden. Die Menschen leisteten Schwerstarbeit. Trotz aller Bemühungen konnten in den zerstörten Häusern kaum Überlebende geborgen werden.

Bochum sinkt in Schutt und Asche

Die Bochumerin Hella W. aus Weitmar-Nord, die schon Furchtbares nach den Angriffen im Mai 1943 durchmachen musste, wird den 4. November 1944 immer im Gedächtnis behalten:

Wir wollen gern mit trockenem Brot leben, aber überleben

„Viele Menschen, die sich noch an dem Eingang [des Kellers] drängten, kamen nicht mehr hinein und wurden draußen getötet oder schwer verletzt. Aus dem Bekanntenkreis wurde eine Mutter mit dem Kind auf dem Arm tödlich getroffen, während das Kind überlebte. Beim Angriff am 4.11. fielen bei uns ringsherum die Bomben; wir glaubten bei jedem Bombeneinschlag, jetzt ist unser Haus getroffen. Man hatte das Gefühl, der Boden bebt. Immer wieder sagte man, wir wollen gern mit trockenem Brot leben, aber überleben und wieder herauskommen. (...) Damals gab es die Phosphorbrandbomben, die sehr schlecht zu löschen waren. (...) Nach dem Hauptangriff, der uns nun einigermaßen verschont hatte, ging ich morgens zur Stadt, um zu sehen, was mit unserer Firma war. Unterwegs, die Alleestraße entlang, nur Ruinen. Viele Häuser brannten noch. Unser Geschäft auf der Kortumstraße war schwer getroffen. Die Treppen standen unter freiem Himmel, ein grausendes Bild vor mir. Hoch am Eisenträger hing ein toter Soldat, wahrscheinlich aus einem abgeschossenen Flugzeug. Flugzeugreifen fanden wir auch noch unten auf der Treppe. Die Kortumstraße war ein Trümmerhaufen. Man mußte sich vor herabfallenden Trümmerstücken schützen, da oft nur noch eine Wand stehengeblieben war. Was noch zu retten war, wurde im Keller untergebracht. Was bis zum 4. Nov. 44 noch erhalten war, hatte nun auch dranglauben müssen. (...)"

Schwere Schäden am Stadttheater.

Das schwer beschädigte Rathaus.

Bochum sinkt in Schutt und Asche

Der zerstörte Rathausinnenhof mit dem „Brunnen des Glücks".

Bochum sinkt in Schutt und Asche

Bochum sinkt in Schutt und Asche

Zerstörte Wohnhäuser an der Essener Straße. Fassungslos stehen die Menschen vor den Überresten ihrer Habe. So gut wie nichts haben die Bomben übrig gelassen. Manche traf es besonders hart. Sie hatten mehrmals ihre Bleibe verloren.

Bochum sinkt in Schutt und Asche

Bochum sinkt in Schutt und Asche

Zerstörungen im Bereich der Rathauskreuzung Mühlenstraße/Ecke Bongardstraße. Die Bochumer Innenstadt wurde am schwersten getroffen. Die Hauptgeschäftsstraßen wie beispielsweise die Bongardstraße und die Kortumstraße waren bis zu 90% zerstört.

Bochum sinkt in Schutt und Asche

Blick von der Mühlenstraße über die Rathauskreuzung in die Viktoriastraße, rechts das stark beschädigte Rathaus. Der Straßenbahnverkehr kam völlig zum Erliegen.

Bochum sinkt in Schutt und Asche

Pfarrer Erich Brühmann aus Altenbochum überlebte den Angriff in einem Luftschutzstollen:

Die Kerke steht noch!
„Als wir am 4. November 1944 durch die heulenden Sirenen in die Stollen und Bunker gerufen wurden, sahen wir am nördlichen Himmel schon die Christbäume leuchten. Jene Lichtertrauben, mit denen ein Vorausflugzeug den Bombern das Ziel markierte. Es gibt Leute, die sagen, daß am 4. November keine Sirenen geheult haben. In Altenbochum haben sie geheult. (...) Ich war hier in der Frielinghausstraße, in der alten Kolonie im Stollen. (...) Aber wir ahnten noch nicht, daß uns der schwerste Bombenangriff auf unsere Stadt bevorstand. Der 4. November wurde der schwarze Tag Bochums: 1 248 Bürger starben an diesem Abend oder erlagen an den folgenden Tagen ihren Verletzungen. Als Entwarnung gegeben wurde und wir allmählich aus unserem Stollen herauskamen, da stand der alte Steiger, Adolf B. (...) an der Tür, an dem Ausgang und sagte: ‚Die Kerke [Lukaskirche] steht noch!' Das beruhigte uns alle, weil wir daraus ersehen konnten, daß in Altenbochum wahrscheinlich nicht allzu viel passiert ist. Aber als wir dann näher an die Kirche herankamen, merkten wir, daß sie zwar noch stand, aber daß allerhand los war. Wir konnten nicht in die Kirche hinein. (...)"

Das zerstörte Landgericht.

Bochum sinkt in Schutt und Asche

Das zerstörte Heimatmuseum Haus Rechen am Stadttheater.

Die zerstörte Graf-Engelbert-Schule an der Königsallee.

Bochum sinkt in Schutt und Asche

Die Bochumerin Hildegard K., sie war beim Bochumer Verein beschäftigt, erlebte den Angriff in einem Stollen des Bochumer Vereins:

Ganze Straßenzüge, alles weg

„(...) plötzlich brach die Hölle los. Bomben schwersten Kalibers gingen auf den Stollen und rund um den Bochumer Verein nieder. (...) Es brach eine Panik aus. (...) Mir war es so, als hätte ich jeden Augenblick sterben müssen. Ich dachte, nun kommst du hier nicht mehr heraus. Es war so grausam. (...) einige Minuten dauerte es noch, da trat plötzliche Stille ein. Dann sah ich erstmal, was los war. Ich hatte keine Ahnung, daß ich zwischen lauter Toten lag. Um mich herum saßen Menschen, (...) die saßen dort, als wenn sie lebten. Von dem starken Luftdruck sind sie alle getötet worden. (...) es war alles in Schutt und Asche. Nur Rauch und Qualm und häusertiefe Trichter, weiter nichts, sonst war nichts zu sehen. Ganze Straßenzüge, alles weg. Weit und breit überhaupt kein Haus zu sehen. Da war alles nur Qualm und Feuer. Die Leute waren so verzweifelt, suchten nach ihren Angehörigen. (...)"

Schwere Schäden auch an dem imposanten Verwaltungsgebäude der Ruhrknappschaft in der Pieperstraße.

Die zerstörte Meinolphuskirche im Ehrenfeld.

Bochum sinkt in Schutt und Asche

Blick von der Ruhrknappschaft über das zerstörte Ehrenfeld, im Vordergrund die Pieperstraße/Ecke Christstraße.

Aufenthaltshinweise an einem zerstörten Wohnhaus.

Bochum sinkt in Schutt und Asche

Der Bochumer Friedrich J., dem Bergungstrupp Bochum zugeteilt, berichtet von seinem schlimmsten Erlebnis:

Die Kinderstimme, die ist heute noch bei mir
„(...) dann kam ich vom alten Hauptbahnhof, über den Engelbert runter, die Kortumstraße rein, (...) wo heute das Nordsee-Geschäft ist, da ist ein Kino und daneben war ein Haus, das brannte und unten da kam eine Kinderstimme raus, rettet mich, ich verbrenne. Ich wollte den Einsatz machen und rein, zuspringen, wurde aber von einem Schutzmann im Nacken zurückgeschmissen, zurückgegriffen, und während er mich zurückkriß, da stürzte das Haus zusammen. Die Stimme war aus, das habe ich monatelang nicht aus dem Gedächtnis verloren. Die Kinderstimme, die ist heute noch bei mir. (...)"

Zerstörungen im Bereich der Viktoriastraße, in der Bildmitte die Marienkirche.

Blick durch die Marienstraße auf die zerstörte Marienkirche. Helfer tragen ein Todesopfer fort.

Bochum sinkt in Schutt und Asche

Bergung von noch gerettetem Hausrat.

◀ Unter Lebensgefahr wurde der noch zu gebrauchende Hausrat geborgen. Die stark beschädigten Häuser konnten jederzeit einstürzen.

Die zerstörte Wagenhalle der Bochum-Gelsenkirchener-Straßenbahn AG.

Bochum sinkt in Schutt und Asche

Der Kommunalpolitiker Ernst Schlotz, von 1956 bis 1961 Bürgermeister in Bochum, erlebte die Bochumer Innenstadt nach dem Angriff als Flammenmeer:

Aber da war es ganz schlimm
„Und als ich da oben [in der Kortumstraße] ankam, da war ein Brand, beider Seiten der Häuser brannte alles, schlug in der Mitte zusammen. Also, da mußten sie schon ganz tief einen Buckel machen, wenn sie da durch wollten, um nicht zu verbrennen. Und so war das an vielen Stellen, aber da war es ganz schlimm (...)."

Zerstörte Werkhallen des Bochumer Vereins.

Bochum sinkt in Schutt und Asche

Die brennende Stadt ist bis heute vielen Zeitzeugen als mit das schlimmste Erlebnis im Gedächtnis geblieben. Von den Luftangriffen auf Bochum war nicht nur die einheimische Bevölkerung betroffen. Auch mehrere zehntausend ausländische Kriegsgefangene, Zivilarbeiter, Internierte aus Konzentrationslagern, Polizeigefängnissen und Arbeitserziehungslagern, die seit 1940 zur Zwangsarbeit nach Bochum verschleppt worden waren und in allen Wirtschaftsbereichen sowie bei der Stadtverwaltung, den Kirchen und in Privathaushalten eingesetzt wurden, litten darunter.

Bochumer Nachrichten Nr. 2

Trauerfeier

Am Freitag, dem 10. November 1944, um 9.30 Uhr, findet der Trauerakt für die am 4. November Gefallenen auf dem Zentralfriedhof am Freigrafendamm statt.

Da aus jahreszeitlichen Gründen die Trauerfeier in der geschlossenen großen Trauerhalle des Friedhofes am Freigrafendamm stattfinden muß, wird gebeten, daß nur die <u>allernächsten</u> Angehörigen an dieser Feier teilnehmen.

Evakuierung der Bochumer Bevölkerung!

Die Evakuierung der Bochumer Bevölkerung wird fortgesetzt. Die Mütter mit Kindern und alte Männer und Frauen finden sich an den Sammelstellen ein, von wo aus die dort ankommenden Omnibusse zu den ins Sauerland gehenden Zügen fahren.

Die Abfahrt beginnt um 8.30 Uhr. Die Autobusse fahren solange, bis die an den Sammelstellen Wartenden abtransportiert sind.

An der Verladerampe in Witten werden Verpflegung sowie Milch für Kinder ausgegeben. Säuglingsschwestern sind anwesend.

Volksgenossen, die nicht im Besitz von Abreisebescheinigungen und Fliegergeschädigten-Ausweisen sind, können trotzdem abfahren. Am Ankunftsort ist den örtlichen Dienststellen hiervon Mitteilung zu machen, damit jeder zu den erforderlichen Ausweisen kommt.

Sammelstellen sind:

Ortsgruppe Ehrenfeld:
  Sammelstelle Gauleitung, Königsallee-Ecke Waldring

Ortsgruppen Altenbochum, Altstadt-Süd, Altstadt-Nord, Felsenburg und Wiemelhausen:
  Sammelstelle Straßenbahndepot, Wiemelhauser Straße

Ortsgruppen Stadtpark, Grumme-Vöde u. Hofstede-Riemke:
  Sammelstelle Polizeipräsidium

Ortsgruppen Hamme, Hordel, Marmelshagen:
  Sammelstelle Haus Overdyck

Ortsgruppen Weitmar-Nord und Griesenbruch:
  Sammelstelle Kohlenstraße-Ecke Alleestraße u. Bunker Moltkemarkt

Ortsgruppe Weitmar-Mitte:
  Sammelstelle Kohlenstraße-Ecke Hattinger Straße

Bochum sinkt in Schutt und Asche

Schwere Schäden auf der Schachtanlage Hannibal in Bochum-Hofstede.

Bochum sinkt in Schutt und Asche

Zwangsarbeiter im Bombenkrieg

Der Bombenkrieg auf Bochum berührte das Leben der Zwangsarbeiter in vielfältiger Weise. So wurden sie aufgrund des Mangels an deutschen Arbeitskräften in großer Zahl zum Bau von Bunkern herangezogen, aber der Zutritt, vor allem zu den öffentlichen Luftschutzanlagen, blieb ihnen in vielen Fällen verwehrt.

Besonders gefährdet waren die ausländischen Arbeitskräfte, die auf oder in unmittelbarer Nähe zum Werksgelände in Lagern untergebracht waren. Bergwerksbetriebe und Rüstungskonzerne waren häufig Ziele alliierter Luftangriffe. War ihr Lager erst einmal zerstört, verschärfte sich die zumeist schon katastrophale Wohnsituation der Zwangsarbeiterinnen und Zwangsarbeiter weiter. Stefan G., ehemaliger polnischer Zwangsarbeiter, berichtet in einem 2002 im Stadtarchiv geführten Interview über die Zustände im Maschinenhaus der Zechenanlage Vereinigte Constantin der Große, Schacht 10, das als Ausweichquartier für das 1943 zerstörte Zwangsarbeiterlager herhalten musste: *"(...) Hier waren wir 180 Mann (...), gar keine Fenster, nichts, alles [hatten] die Bomben kaputtgeschlagen, eine Toilette für 180 Mann."* Weihnachten 1943 erfolgte der Umzug in das noch heute erhaltene ehemalige Zwangsarbeiterlager an der Bergener Str. 116a-i im Bochumer Norden. Noch kurz vor Kriegsende bezahlten italienische Lagerinsassen die unzureichenden Luftschutzmaßnahmen des Bergbauunternehmens mit ihrem Leben: *"(...) Da ist eine Luftmine reingekommen. Die 45 Italiener waren sofort weg. (...) Acht Tage haben sie gelegen, draußen, mit Papier zugedeckt, ein Gestank. Da kamen sie nachher mit Auto[s] und russische Gefangene oder Ostarbeiter haben die alle aufgeladen und weggebracht nach Bochum zum Fried-*

Auch das lebensgefährliche Freilegen und Entschärfen von Blindgängern mussten die Zwangsarbeiter übernehmen.

Die letzten Kriegstage

hof." Weit häufiger wurden Menschen aus der ehemaligen Sowjetunion Opfer von Bombenangriffen. Der 4. November 1944 ist nicht nur das Datum des größten Luftangriffs auf Bochum, sondern gleichzeitig der Todestag von 80 sowjetischen Kriegsgefangenen, die auf dem Bochumer Hauptfriedhof bestattet worden sind. Verlässliche Gesamtzahlen über die während der Zwangsarbeit in Bochum zu Tode gekommenen Menschen liegen nicht vor. Die geschätzte Zahl von mindestens 2 000 Todesopfern muss sicherlich nach oben korrigiert werden.

Die Luftangriffe hatten auf die in unterschiedlichster Weise stigmatisierten Zwangsarbeiter noch gravierendere Auswirkungen als auf die Bochumer Bevölkerung. Extrembeispiele sind jüdische KZ-Häftlinge, die es auch in Bochum gab. Eingesetzt beim Bochumer Verein und bei den Eisen- und Hüttenwerken, wurden die entkräfteten und ausgezehrten Menschen auch zur Räumung von Bomben herangezogen. Selbst bei dieser gefährlichen Arbeit waren sie vor Schikanen und Demütigungen nicht sicher.

Abtransport von entschärften Blindgängern durch Zwangsarbeiter. Auch Häftlinge wurden zum Entschärfen der Blindgänger herangezogen. Die Bevölkerung bezeichnete diese Arbeiten als „Himmelfahrtskommando".

Bochum nach dem 4. November 1944

Nach dem Großangriff am 4. November 1944 gab es keine Entwarnung für Bochum. Fast bis Ende März 1945 gingen vier weitere Großangriffe auf Bochum nieder, dazu etliche mittelschwere und kleinere Angriffe. Am 15. Januar 1945 zwischen 15 und 16 Uhr wurden die Stadtteile Langendreer und Werne nochmals besonders schwer getroffen. Etwa 200 alliierte Flugzeuge warfen rund 800 Sprengbomben, Minen und 4 000 Stabbrandbomben ab. Sie hinterließen 252 Todesopfer, 257 Verwundete, 5 500 Obdachlose und 1 740 beschädigte Gebäude, wovon 220 total zerstört und 340 schwer beschädigt wurden. Schwere Schäden entstanden an vier Kirchen, einer Schule und an fünf Verwaltungsgebäuden, an den Strom- und Wasserleitungen, an den Schachtanlagen Robert Müser und Mansfeld, an den Anlagen der Chemischen Fabrik Raschig und der Drahtwerke des Bochumer Vereins. Tiefflieger machten der Bevölkerung noch in den letzten Kriegstagen das Leben zur Hölle. Sie scheuten auch nicht davor zurück, Flüchtlinge anzugreifen. Als junger Soldat auf Heimaturlaub in Bochum erlebte Gerhard W. die Angriffe der Alliierten als Angriffe auf die Zivilbevölkerung mit: *„(...) Die Alliierten haben ja folgendes gemacht, die haben ja zuerst Stabbrandbomben geworfen, noch und noch, und dann erst mal alles brennen lassen, und dann kamen die Wellen und warfen dann Luftminen und Bomben. Und die wußten, jetzt kommt alles raus zum Löschen. Dann kam erstmal das dicke Ende. Ich war wirklich erschüttert, ich habe den Glauben an die Menschheit verloren. (...)"* Die bisher gut funktionierende Organisation des NS-Regimes, so schnell wie möglich die Brände zu löschen, Trümmer zu beseitigen, Tote und Verletzte zu bergen und ausgebombte Bürger zu versorgen, stieß zunehmend an ihre Grenzen. Tote mussten nun oft da belassen werden, wo sie gefunden wurden, notdürftig abgeschottet vom Umfeld. Die Katastrophe, die man bisher weder in Wort noch Bild zeigen durfte, war da. Das massive Bombardement verfehlte seine Wirkung nicht. Die Menschen hatten Hunger, suchten verzweifelt nach ihren Angehörigen, suchten für sich ein Dach über dem Kopf. Während in den Vororten noch Ausweichquartiere gefunden werden konnten, wenn auch oft hoffnungslos überbelegt, spitzte sich die Situation in der Innenstadt dramatisch zu. Aus Verzweiflung verließen viele nicht mehr die Bunker. Wiederum andere suchten sie gar nicht erst auf und fügten sich in das Unvermeidbare. Die Bevölkerung, durch die schlimmen Kriegserlebnisse näher zusammengerückt, hatte jegliche Hoffnung auf ein Umschwenken des Kriegsverlaufs verloren. Sie blieb im Trümmerschutt stecken. Die Menschen sehnten das Ende des Krieges herbei.

Die Amerikaner und Briten kommen

Das Kriegsende in Bochum

Als am 10. April 1945 die Amerikaner in Bochum einmarschierten, beeilte sich die Bevölkerung, Barrikaden zu beseitigen und weiße Tücher rauszuhängen. Bürgermeister Franz Geyer – die NS-Machthaber waren bereits geflohen, allen vorweg Oberbürgermeister Friedrich Hesseldieck – übergab einen Trümmerhaufen. Die Besetzung Bochums durch US-Truppen aus der Sicht des Bürgermeisters Dr. Franz Geyer:

„Am 10. April 1945 vormittags übernahm ich nach Abrücken des Oberbürgermeisters Hesseldieck zum Volkssturm die Führung der Verwaltungsgeschäfte.
An diesem Tage wurde folgendes erledigt:

- *Schreiben an die Bochumer Geschäftsleute, ihre Geschäfte trotz Feindbedrohung während der angeordneten Geschäftsstunden für die Bevölkerung offen zu halten. Lebensmittel und andere bewirtschaftete Waren dürfen nur nach Aufruf durch das Ernährungs- und Wirtschaftsamt gegen Marken abgegeben werden. Eigenmächtiges Schließen von Geschäften ist nicht gestattet.*
- *Bekanntmachung an die Bevölkerung, daß die Stadtverwaltung auch bei Feindbesetzung in allen Dienst-, Betriebs- und Verwaltungsstellen ordnungsgemäß und ohne Unterbrechung weiter arbeitet im Interesse der Volksgenossen.*

Bekanntmachung! Bochumer!

Mit der Besetzung unserer Stadt muß stündlich gerechnet werden. In diesem Falle arbeitet die Stadtverwaltung in allen Dienst-, Betriebs-, Verwaltungs- und Kassenstellen ohne Unterbrechung und unverändert zum Schutz und Nutzen der Bevölkerung weiter. Die Ämter sind während der bekannten Dienst- und Kassenstunden geöffnet.

Die Geschäfte sind während der angeordneten Verkaufszeiten offen zu halten, sodaß die Bevölkerung in der Lage ist, sich mit den notwendigsten Lebensmitteln und Bedarfsgütern zu versorgen.

Der Verkauf an die Bevölkerung darf nur auf Lebensmittelkarten und Bezugsausweise nach den amtlichen Anordnungen des Ernährungsamtes und Wirtschaftsamtes erfolgen. Diese Anordnungen werden jeweils durch die Tageszeitungen und durch Aushang in den Verwaltungsstellen sowie den Außenstellen des Ernährungs- und Wirtschaftsamtes bekanntgemacht. Der Aushang ist nur mit dem Dienstsiegel der Stadt Bochum gültig.

Volksgenossen, ich vertraue in diesen schweren Stunden unserer Stadt auf Eure Einsicht und Unterstützung.

Bochum, den 10. April 1945
In Vertretung des Oberbürgermeisters
Dr. Geyer
Bürgermeister

Hausfrauen und ein älterer Mann demontieren eine Panzersperre in Bochum, nachdem der Ruhrkessel durch das 137. Regiment der 35. US-Division eingenommen wurde.

Die Amerikaner und Briten kommen

❏ *Rücksprache mit dem Vertreter des Kommandeurs des Lu-Abschnitts I, Oberleutnant Hoffmann, über den polizeilichen Schutz der Bevölkerung während des Übergangs zur Besetzung der Stadt. Lebensmittelläger sind von den Revieren aus gesichert. Ansammlungen in Straßen werden durch Patrouillen überwacht. Der polizeiliche Schutz scheint mit den vorhandenen Kräften gewährleistet. Der Unterzeichnete ließ dem Kommandeur mitteilen, daß er auf laufende Verbindung mit den Lu-Abschnitten besonderen Wert lege. Gegebenenfalls wird die Stadtverwaltung Kräfte zur Verstärkung der Mannschaften für den Lu-Abschnitt namhaft machen.*

❏ *Gegen 17.30 Uhr erschienen auf dem Rathausvorplatz 3 Kübelwagen mit bewaffneten Amerikanern. Ein Major und ein Dolmetscher baten den Unterzeichneten um eine Unterredung, die im Rathaus in den Räumen des Pol. Rev. I stattfand. Es wurde bekannt gegeben, daß das Leben seinen ungehinderten Fortgang nehmen solle, die Lebensmittelkarten weiter in Geltung bleiben würden und die Verwaltung in allen ihren Abteilungen arbeiten könne. Die Mitteilung wurde zur Kenntnis genommen.*

Ferner wurden 3 Maueranschläge übergeben mit dem Auftrag, sie sofort am Rathaus anzubringen. Die Anschläge wurden entgegen genommen. Danach erklärte der Major, daß morgen – 11.4. – vormittag 9 Uhr eine weitere Besprechung stattfinden solle, zu der wahrscheinlich sein Oberst persönlich erscheinen würde. Außer dem Verwaltungsleiter wurde die Anwesenheit der Leiter der Versorgungsbetriebe, der Lebensmittelversorgung der Polizei bzw. Stadtwacht gewünscht. Die Sitzung findet im Konferenzzimmer 105 statt. Nachträglich erklärte der Dolmetscher, daß Soldaten in Zivil, die sich bei der Verwaltung meldeten, nach den Genfer Abmachungen behandelt würden. Soldaten, die sich nicht meldeten, würden als Spione behandelt. Diese Bestimmung wird noch bekannt gemacht. Die Mitteilung würde nur gemacht, sagte der Dolmetscher, damit die Stadtverwaltung auf Anfrage Auskunft geben könnte.

Die Besprechung begann kurz vor 18 Uhr und war 18.45 Uhr beendet. Mitanwesend waren Stadtrat Heß und Stadtoberamtmann Kaffil. (...)"

Nach den Amerikanern übernahmen die Briten als Besatzungsmacht die Stadt Bochum. Zu diesem Zeitpunkt bedeckten mehr als vier Millionen Kubikmeter Schutt die Innenstadt, über 60 % des Wohnraums der Innenstadt waren zerstört, ebenso die meisten öffentlichen Gebäude. Insgesamt wurden 22 % allen Wohnraums total vernichtet, 74 % schwer beschädigt. Fast alle Industrieanlagen erlitten zum Teil erhebliche Schäden. Von den 122 Schulgebäuden vor dem Zweiten Weltkrieg haben nur zehn Gebäude unbeschadet oder nur leicht beschädigt den Krieg überstanden, 39 wurden völlig zerstört. Von 56 in Bochum vorhandenen Kirchen blieben elf ohne Schaden, vier evangelische und eine katholische Kirche konnten nicht mehr wieder aufgebaut werden. Den niedrigsten Stand der Einwohner hatte Bochum im Mai 1945 mit 161 590 Personen erreicht. Zwölf Großangriffe und über 135 mittelschwere Luftangriffe überzogen die Stadt mit 420 Luftminen, 22 000 Spreng- und mehr als 530 000 Brand- und Phosphorbrandbomben. 4 095 Einwohner starben, mehr als 5 000 wurden verletzt, unzählige wurden obdachlos. Mehr als 1 000 Alarmmeldungen versetzten die Bevölkerung in Angst und Schrecken. 7 048 Bochumer sind im Krieg gefallen, Ende 1948 wurden noch 8 089 Personen vermisst oder befanden sich in Kriegsgefangenschaft. Die im Bombenkrieg getöteten ausländischen Arbeitskräfte (Kriegsgefangene, zivile Zwangsarbeiterinnen und Zwangsarbeiter, Häftlinge der Konzentrationslager) wurden in gesonderten Statistiken erfasst.

Beginnende Reparaturarbeiten an der Hauptpost.

Die Amerikaner und Briten kommen

Der stehen gebliebene Turm der Christkirche am Rathaus. Für das zerstörte Kirchenschiff musste ein Neubau errichtet werden.

Die zerstörte Bochumer Innenstadt, Mai 1945.

Blick durch die Kortumstraße auf die Innenstadt, im Vordergrund Überreste des Graf-Engelbert-Brunnens.

Die Amerikaner und Briten kommen

Das zerstörte Hotel Kaiserhof am Marktplatz in der Innenstadt zwischen Bongardstraße und Untere Marktstraße.

Blick auf die zerstörte Pauluskirche über die Bongardstraße hinweg, rechts das Kaufhaus Kortum, im Hintergrund links die Kommunalbank (die heutige Hauptgeschäftsstelle der Sparkasse Bochum).

Die Amerikaner und Briten kommen

Viel blieb nicht mehr von den Geschäftshäusern an der Kortumstraße in der Nachbarschaft des Kaufhauses Kortum.

Trümmer beherrschen das Aussehen der Viktoriastraße/Ecke Kirchstraße.

Die Amerikaner und Briten kommen

Die zerstörte Commerzbank am Wilhelmsplatz (heute Husemannplatz).

Das zerstörte Redemptoristenkloster mit zerstörter Klosterkirche. Es wurde am selben Standort, am heutigen Imbuschplatz, wieder aufgebaut.

Die Amerikaner und Briten kommen

Trümmerberge säumen die Brückstraße.

Die Amerikaner und Briten kommen

Der Griesenbruch erlitt durch seine Nähe zum Bochumer Verein schwerste Verluste: der Bunker am Moltkemarkt inmitten zerstörter Wohnhäuser.

Der Rundbunker an der Wiemelhauser Straße ragt wie ein drohender Finger aus den Trümmern.

Ein Neubeginn

Not und Entbehrungen prägten die Nachkriegszeit. Mit der bedingungslosen Kapitulation Deutschlands am 8. Mai 1945 war zwar der Krieg zu Ende, nicht aber die Leiden der Bevölkerung. Hunger wurde zur bittersten Erfahrung. Daher standen die Versorgung der Bevölkerung und die Beschaffung von Wohnraum an erster Stelle. Ebenso die Trümmerbeseitigung, denn Straßen mussten wieder passierbar gemacht werden, um die Versorgung zu ermöglichen. Geschäftsräume für Verwaltung und lebensnotwendige Gewerbebetriebe mussten beschafft werden. Trotz Hoffnungslosigkeit und Existenzängsten sicherte ein unglaublicher Überlebenswille das Fortbestehen. Man lebte auf und in den Trümmern, stand Schlange für Lebensmittel. Langsam schöpfte man wieder Hoffnung, Hoffnung auch auf einen politischen Neubeginn. Unmittelbar nach Kriegsende meldeten sich politisch erfahrene Männer und Frauen, zumeist der älteren Generation angehörend, zurück und schlossen sich zusammen, um für einen neuen, demokratischen Wiederaufbau ihren Beitrag zu leisten. Zunächst fanden die ersten Parteigründungen in der sowjetischen Besatzungszone statt. Die westlichen Besatzungsmächte erlaubten erst im Herbst 1945 die Neu- bzw. Wiedergründungen politischer Parteien und Verbände. Am 13. Oktober 1946 fanden in Bochum Kommunalwahlen statt, die ersten freien Wahlen seit 1933.

Bekanntmachung
Nr. 4/V

Waffenstillstand

Die Militärregierung hat mitgeteilt, daß die Feindseligkeiten in Europa aufgehört haben.

Die erlassenen Militärgesetze bleiben jedoch in voller Kraft.

Alle Verdunkelungsvorschriften sind aufgehoben.

Bochum, den 8. Mai 1945

Bahlmann
Bürgermeister

Trümmerbeseitigung in der Innenstadt, Pariser Straße.

Bochum nach dem Zweiten Weltkrieg

Trümmerbeseitigung im Griesenbruch. Dort wurde eine Trümmerverwertungsanlage errichtet zur Zerkleinerung und Wiederaufbereitung des Trümmerschutts. Je nach Beschaffenheit fanden die Baumaterialien Verwendung beim Wiederaufbau.

Ein oft gesehenes Bild: „Trümmerfrauen". Da es an männlichen Arbeitskräften mangelte, mussten die Frauen Schwerstarbeit verrichten.

Bochum nach dem Zweiten Weltkrieg

Menschenschlangen vor der Bäckerei Timmer in Bochum-Linden.

Geschäftshinweis im Trümmerschutt.

Bochum nach dem Zweiten Weltkrieg

Wieder beginnendes Leben in der Innenstadt, hier am Hellweg.

Der von Trümmern befreite Bahnhofsvorplatz am Handelshof. Der Platz erhielt nach dem Zweiten Weltkrieg den Namen Berliner Platz. Zum 1. Januar 1979 wurde er in Konrad-Adenauer-Platz umbenannt. Der Hauptbahnhof wurde zwecks besserer Einbindung in die neue Verkehrsführung verlegt.

Bochum nach dem Zweiten Weltkrieg

Bis zum Oktober 1948 konnten über eine Million Kubikmeter Trümmerschutt beseitigt werden.

Die Bochumer Innenstadt im Jahre 1946. Die Straßen sind von Trümmern befreit, Wiederaufbauarbeiten am Rathaus gehen zügig voran.

Bochum nach dem Zweiten Weltkrieg

Bochum nach dem Zweiten Weltkrieg

Das neu erstandene Bochum (1959): An der Ecke Hans-Böckler-Straße (früher Mühlenstraße)/Bongardstraße befindet sich das neue Kaufhaus Wertheim. Das Rathaus wurde wieder vollständig aufgebaut. Die Christuskirche hat ein neues Kirchenschiff erhalten. Die zahlreichen Neubauten in der Innenstadt lassen die schrecklichen Ereignisse des Zweiten Weltkriegs fast vergessen. Noch erinnern die vorhandenen Hoch- und Tiefbunker in Bochum an die grauenhaften Nächte, die man dort zubringen musste. Sollten sie als Mahnung stehen bleiben?

Literaturverzeichnis

Bochum baut: Sonderheftreihe der „Bochumer Woche", Schacht-Verlag, Bochum 1952–1962

Karl Brinkmann: Bochum, Aus der Geschichte einer Großstadt im Revier, Verlag Schürmann & Klagges, Bochum 1968

Helmuth Euler: Die Entscheidungsschlacht an Rhein und Ruhr 1945, Motorbuch Verlag, Stuttgart 1980

Günter Gleising: Die Verfolgung der Juden in Bochum und Wattenscheid: die Jahre 1933–1945 in Berichten, Bildern und Dokumenten. Gewidmet den Opfern von Rassismus und Völkermord/Günter Gleising, Klaus Kunold, Sabine Wehenkel, Susanne Willems, Irmtrud Wojak, WURF Verlag, Altenberge 1993

Bodo Harenberg (Hrsg.): Chronik des Ruhrgebiets, Chronik Verlag, Dortmund 1987

Ursula Jennemann-Henke: Zwangsarbeit in Bochum, Reader zum Schülerwettbewerb, Bochum 2001

Astrid von Massow: Hochbunker in Bochum: Analysen, Berichte, Dokumente, Literarisches. Hrsg. vom Bochumer Kulturrat anlässlich einer Ausstellung vom 4.–30. Nov. 1991 im Stadtarchiv Bochum, Bochum 1991

Gerhard E. Sollbach: Flucht vor Bomben: Kinderlandverschickung aus dem östlichen Ruhrgebiet im 2. Weltkrieg, Lesezeichen Verlag, Hagen 2002

Stadtarchiv Bochum (Hrsg.): Wir gedenken der Opfer der Zwangsarbeit in Bochum 1941–1945, letzte Ruhestätte Hauptfriedhof Freigrafendamm, Bochum 2002

Stadt Bochum: Verwaltungsberichte 1938/48 bis 1948/52

Johannes Volker Wagner: Hakenkreuz über Bochum, Machtergreifung und nationalsozialistischer Alltag in einer Revierstadt, Studienverlag Dr. N. Brockmeyer, Bochum 1983

Johannes Volker Wagner (Hrsg.): Vom Trümmerfeld ins Wirtschaftswunderland: Bochum 1945–1955, eine Dokumentation, Studienverlag Dr. N. Brockmeyer, Bochum 1989

Johannes Volker Wagner (Hrsg.): Wandel einer Stadt: Bochum seit 1945, Daten, Fakten, Analysen, Universitätsverlag Dr. Brockmeyer, Bochum 1993

Johannes Volker Wagner, Monika Wiborni: Bochum – Ein verlorenes Stadtbild, Gudensberg-Gleichen 1994

Johannes Volker Wagner, Monika Wiborni: Bewegte Zeiten – Die 50er Jahre, Gudensberg-Gleichen 2003

Ingrid Wölk: Vom Boykott bis zur Vernichtung: Leben, Verfolgung, Vertreibung und Vernichtung der Juden in Bochum und Wattenscheid 1933–1945, ein Quellen- und Arbeitsbuch nicht nur für Schulen/Rainer Adams, Andreas Halwer, Eberhard Heupel, Ingrid Wölk, Klartext Verlag, Essen 2002

WEITERE BÜCHER AUS DEM WARTBERG VERLAG FÜR IHRE REGION

Bochum – Ein verlorenes Stadtbild
von Johannes Volker Wagner
und Monika Wiborni
72 S., geb., zahlr. S/w-Fotos
(ISBN 3-86134-171-9)

**Bochum – Bewegte Zeiten
Die 50er Jahre**
von Johannes Volker Wagner
und Monika Wiborni
72 S., geb., zahlr. S/w-Fotos
(ISBN 3-8313-1036-X)

Bochum – Gestern und heute
von Hansi Hungerige und
Hans-Ulrich Kreß
60 S., geb., zahlr. S/w- und
Farbfotos
(ISBN 3-86134-669-9)

Erinnerungen an Bochum wie es einmal war
von Hansi Hungerige
64 S., geb., zahlreiche S/w-Fotos
(ISBN 3-8313-1131-5)

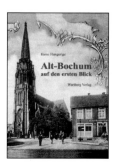

Alt-Bochum auf den ersten Blick
von Hansi Hungerige
48 S., geb., zahlr. S/w- Fotos
(ISBN 3-8313-1153-6)

Geheimnisvolles Essen
von Günter Streich
und Peter Happel
48 S., geb., zahlr. Farbfotos
(ISBN 3-8313-1298-2)

WARTBERG VERLAG GMBH & CO. KG

Im Wiesental 1 · 34281 Gudensberg-Gleichen · Telefon (0 56 03) 9 30 50 · Fax (0 56 03) 30 83
www.wartberg-verlag.de